中国南阳汉画像石大全

第五卷

凌皆兵　王清建　牛天伟　主编

中原出版传媒集团
大地传媒

大象出版社
·郑州·

目录

卷首语

汉画像石是对汉代达官贵人、地主富豪死后的"家园"的一种装饰，是汉代墓葬文化的重要组成部分。由于汉代讲究"事死如事生"，因此，墓葬文化对当时社会的反映是全面的。一方面，很多画像石是墓主人生前生活的真实写照，从不同的角度反映了汉代统治阶级的奢靡生活；另一方面，它也像一面多棱镜，折射出当时的生产活动及意识形态、风俗习惯等社会信息。本卷除了接续第四卷单体人物类画像的执金吾（棒）人物、执钺（斧）人物、持节人物、蹶张、端灯（熏炉）人物、捧奁（盒）侍女等外，又收录了车马出行、拜谒、庖厨宴饮、田猎、建筑等画面。这些刻画生产生活活动、历史故事以及其他人物的画面，从如下三方面再现了汉代社会生产生活状况：

第一，反映汉代生产力发展水平的生产劳动。

南阳汉画像石大多反映的是达官贵人的生活，刻画生产劳动的画面非常少，仅有的几幅也就显得非常珍贵。

第二，反映思想教化的历史故事。这些历史故事大多宣扬忠孝节义的思想，把它们刻画于墓室之内，说明在两汉时期，这些历史故事得到了人们的传颂，它所倡导的主导思想是和当时的社会思潮相契合的。

第三，反映汉代地主阶级的享乐生活。其中包括了高门纳驷、亭台楼阁的奢华住宅，钟鸣鼎食、猜拳行令的舞乐宴饮，连车列骑、一路煊赫的车骑出行，走马放鹰、毕弋捷健的田猎，毕恭毕敬、执笏跪拜的拜谒等。

另外，有一部分画面，如祭祀、武库等，因数量较少，没有单独设类；还有一些画面，无法

确定它们是特定的历史故事还是一种生活场景的定
格，抑或是另有寓意，我们也将其一并收入本卷以
供读者研究探讨。

〔执金吾（棒）人物〕

画刻一人，头戴帻，身着襦，下露裤，执金吾站立。

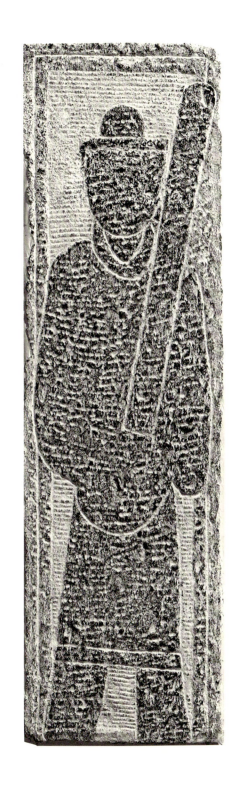

执金吾人物

32 cm ×110 cm   征集于南阳市

画刻一人，头戴帻，身着襦，下露裤，执金吾站立。

执金吾人物

33 cm × 163 cm　征集于南阳市健康路一中附近

上刻一龙，有角，身上扬，尾末端分二叉；下刻一人，执金吾站立。

执金吾人物

32 cm ×123 cm　征集于南阳市

画刻一人，穿靴，执金吾，侧身而立。画像石有磨平和坑凹。

执金吾人物

32 cm×88 cm   征集于南阳市

画刻一人，头戴巾帻，身着长袍，右手执金吾，左手立盾站立。画面局部漫漶。

背棒人物

34 cm×114 cm　征集于南阳市

画刻一人，头梳髻，身着袍，右肩后有一棒状物。

执金吾人物

31 cm ×125 cm　征集于南阳市

画刻一人，头戴尖顶帽，双手执金吾站立；画面上部似有东西，但已漫漶不清。

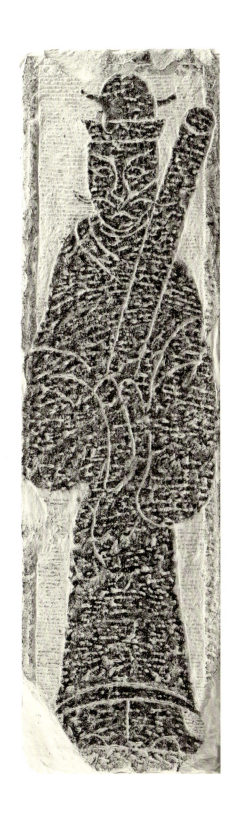

执金吾人物

31 cm ×110 cm　征集于南阳市卧龙区石桥镇

画刻一人，戴冠，着长袍，面有须，双手执金吾而立。画面的左、右下角残。

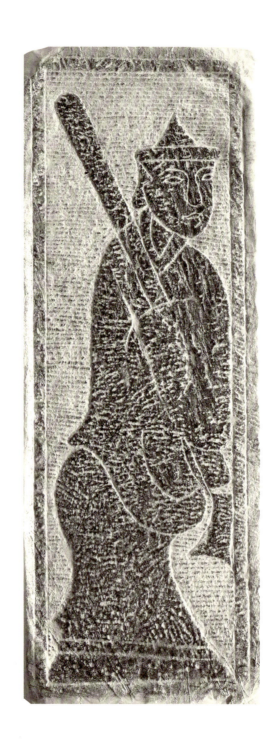

执金吾人物

48 cm ×128 cm　征集于南阳市妇幼保健院

画刻一人，头戴巾帻，身着长袍，双手抱一金吾，金吾下端稍弯曲。

画刻一人，头戴巾帻，身着长袍，双手执金吾站立。

执金吾人物

31 cm×120 cm　征集于南阳市

画刻一人，头戴巾帻，身着长袍，双手执金吾站立。

执金吾人物

32 cm×73 cm　征集于南阳市蒲山

画刻一人，似梳髻，髻顶呈蘑菇状，长裙细腰，双手执金吾而立。

画刻一人，头戴巾帻，双手执金吾而立。

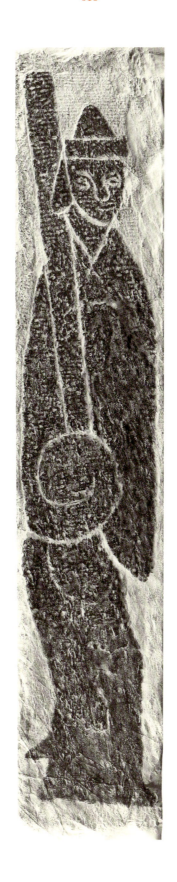

执金吾人物

32 cm ×161 cm   征集于南阳市

画刻一人，头戴巾帻，双手执金吾而立。

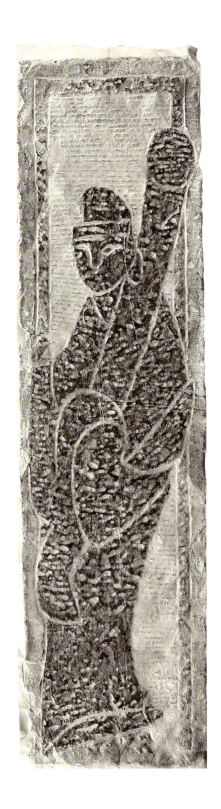

执金吾人物

34 cm×125 cm　征集于南阳市

画刻一人，执金吾而立。

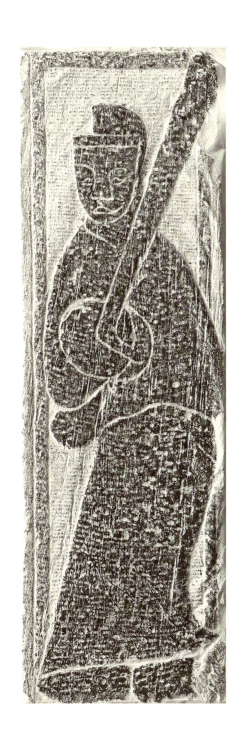

执金吾人物

32 cm ×98 cm　征集于南阳市

画刻一人，双手执金吾而立。

执金吾人物

32 cm ×119 cm　征集于南阳市

画刻一人，双手执金吾而立。

执金吾扶盾人物

43 cm×115 cm　征集于南阳市

画刻一人，头梳髻，正面立，右手持金吾，左手扶盾。

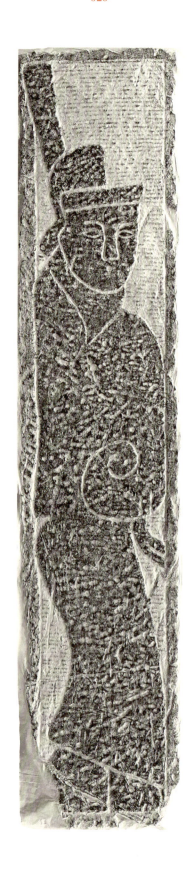

执金吾人物

32 cm × 152 cm　征集于南阳市

画刻一人，戴前低后高状冠，持金吾于背后。

画刻一人，头戴巾帻，身着束腰长袍，双手执金吾而立。

执金吾人物

30 ㎝ ×96 ㎝　征集于南阳市

画刻一人，头戴巾帻，身着束腰长袍，双手执金吾而立。

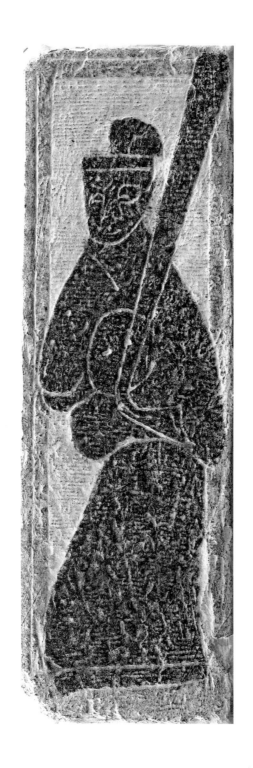

执金吾人物

32 cm ×98 cm　征集于南阳市冉营

画刻一人，上躯前伸，臀部后移，双手执金吾而立。

执金吾人物

31 cm ×104 cm　征集于南阳市

画刻一人，头戴巾帻，身着长袍，双手执金吾而立。

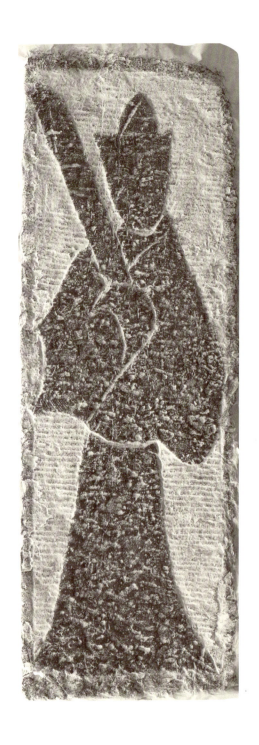

执金吾人物

33 cm × 96 cm　征集于南阳市建材实验厂

画刻一人，高发髻，着宽袖长裾，双手执金吾而立。

执金吾人物

38 cm × 120 cm　征集于南阳市

画刻一人，头戴巾帻，身穿长袍，双手执金吾而立。

执棒人物

32 cm × 82 cm　　征集于南阳市冉营

画刻一人，头戴巾帻，身穿长袍，双手持握一棒。

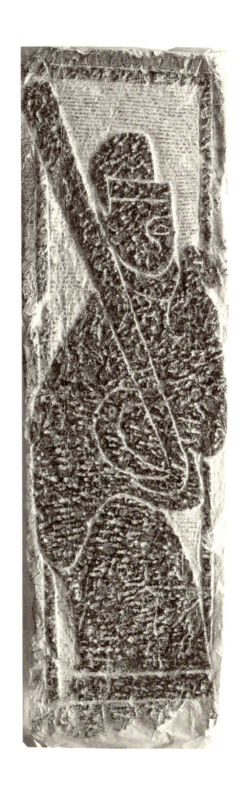

执棒人物

31 cm ×100 cm　征集于南阳市溧河桥上

画刻一人，头戴前低后高状冠，身着长袍，躯体后缩，双腿曲弯，右手操持一棒。

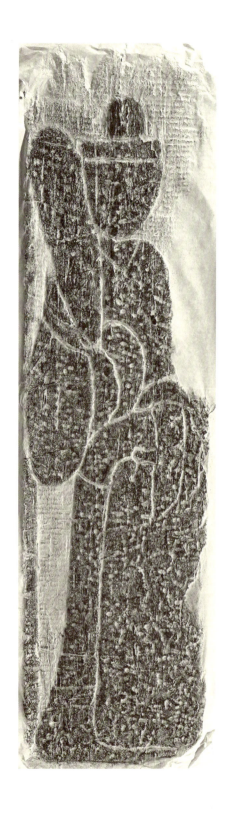

执棒扶盾人物

26 cm×127 cm　征集于南阳市

画刻一人，头戴巾帻，身穿宽袖长袍，右手执棒，左手扶盾。

画刻一人，头束巾，身着袍，怀抱金吾。

执金吾人物

33 cm ×59 cm　征集于南阳市

画刻一人，头束巾，身着袍，怀抱金吾。

画刻一人，头束巾，身着袍，双手执棒而立。

执棒人物

43 cm×98 cm　征集于南阳市

画刻一人，头束巾，身着袍，双手执棒而立。

执金吾人物

30 cm × 127 cm　征集于南阳市

画面上刻双环相连；下刻人物，头梳发髻，执金吾而立。

执金吾人物

31 cm ×75 cm　征集于南阳市

画刻一人，八字胡须，身着长袍，怀抱金吾。人物头部残。

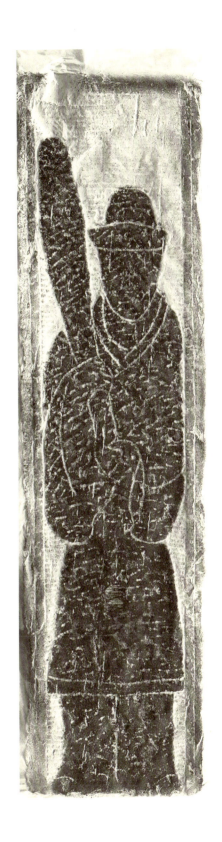

执金吾人物

33 cm×126 cm　征集于南阳市

画刻一人，戴帻，着襦，执金吾站立。

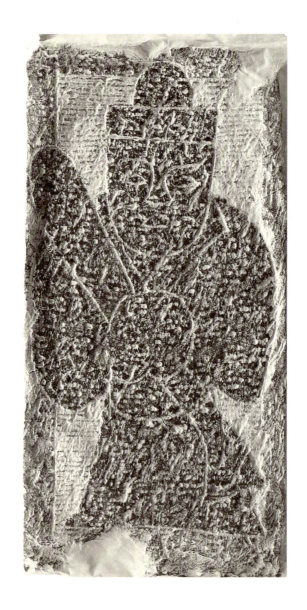

执棒人物

34 cm ×66 cm　征集于南阳市

画刻一人，双手执棒。

执棒人物

31 cm ×139 cm　征集于南阳市

画刻一人，执棒而立。

执棒人物

35 cm ×60 cm　征集于南阳市

画刻一人，头戴帻，身着袍，右手执棒于胸前。

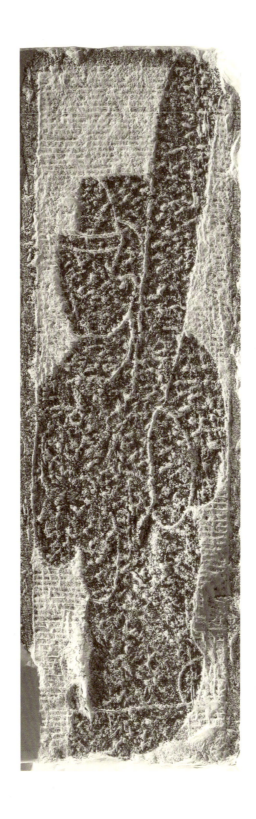

执棒人物

45 cm × 160 cm　征集于南阳市

画刻一人，头戴冠，双手执棒。

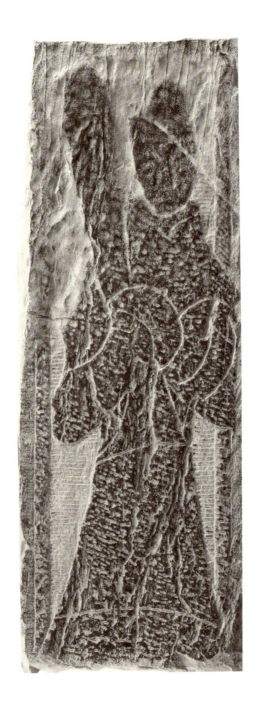

执棒人物

32 cm ×87 cm　　征集于南阳市

画刻一人，着宽袖长袍，双手执棒。

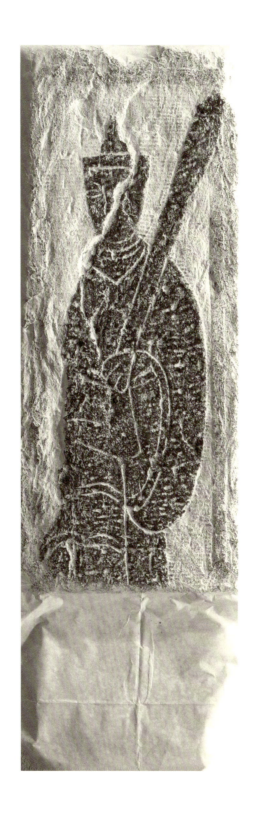

执棒扶盾人物

34 cm×104 cm　　征集于南阳市

画刻一人，头戴巾帻，身着长袍，左手执棒，右手扶盾。

执棒人物

26 cm × 82 cm　征集于南阳市

画刻一人，着束腰宽袖长袍，双手执棒。

执棒人物

31 cm ×68 cm   征集于南阳市

画刻一人，戴冠，着袍，双手执棒。

执棒人物

30 cm × 103 cm　征集于南阳市

画刻一人，头戴冠，双手执棒。

执棒人物

32 cm × 92 cm　征集于南阳市

画刻一人，头戴巾帻，身着长袍，执棒而立。

执棒人物

33 cm × 104 cm　征集于南阳市

画刻一人，头戴巾帻，身着长袍，双手执棒而立。

执棒人物

30 ㎝ ×94 ㎝　征集于南阳市

画刻一人，头戴帻，身着袍，双手执棒站立。

执棒人物

36 ㎝ ×126 ㎝　征集于南阳市

画上刻一熊，扭身舞爪；下刻一人，戴冠，着长袍，执棒站立。

画刻一人，头戴圆顶帽，张口露齿，身着长衣，双手执一带柄棒状物，仰头站立。

执棒人物

43 cm×98 cm   征集于南阳市

画刻一人，头戴圆顶帽，张口露齿，身着长衣，双手执一带柄棒状物，仰头站立。

执棒人物

30 cm×150 cm　　征集于南阳市

画刻一人，戴冠，着袍，双手执一长棒。

画刻一人，头戴帻，身着袍，双手执一细棒侧立。

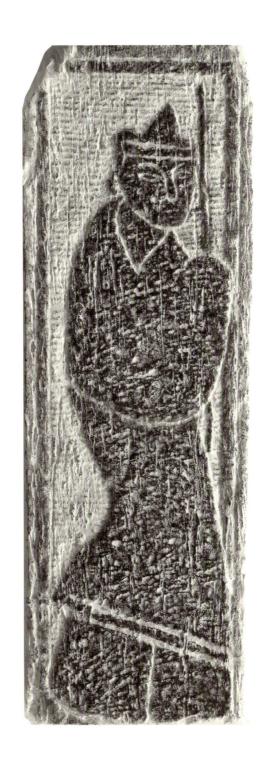

执棒人物

32 cm×120 cm　征集于南阳市

画刻一人，头戴帻，身着袍，双手执一细棒侧立。

执钺（斧）人物

画刻一人，举斧站立，光头戴帽，紧衣束腿，似少数民族装束。

执斧人物

32 cm×120 cm　征集于南阳市

画刻一人，举斧站立，光头戴帽，紧衣束腿，似少数民族装束。

提斧力士

30 cm × 92 cm 征集于南阳市

画刻一武士，身着短装，头梳高髻，张口瞪眼，右手高举，五指张开，左手提一斧。画像左上角斜线断裂。

举钺武士

33 cm ×161 cm　征集于南阳市

画刻一人，头戴冠，着短襦，双手挥举长柄之钺，人物上方刻一鸱鸮。

操钺武士

40 cm ×123 cm　征集于南阳市

画刻一人，眼圆瞪，口张开，双手操持一钺。

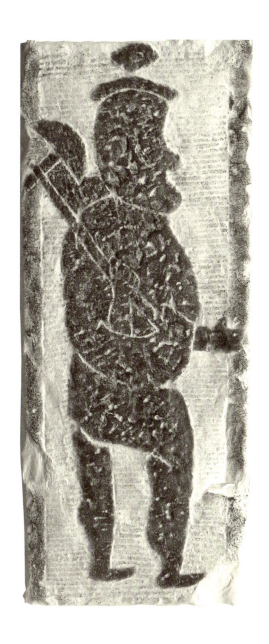

执钺武士

31 cm × 75 cm　征集于南阳市北关

画刻一人，高鼻深目，头部剃发，头顶梳髻，一身短装，右手执钺站立。

执钺人物

32 cm × 122 cm　征集于南阳市

画刻一武士，一身短装，头戴尖顶帽，满脸络腮胡须，似胡人，执钺而立。画像有水蚀纹。

执钺人物

49 cm × 128 cm　　征集于南阳市妇幼保健院

画刻一武士，身着紧身衣，头梳髻，圆眼高鼻，张口露齿，赤脚，执钺而立。

执钺武士

57 cm ×135 cm　征集于南阳市蒲山

画刻一人，眼似铜铃，身着宽袖长袍，双手执钺。

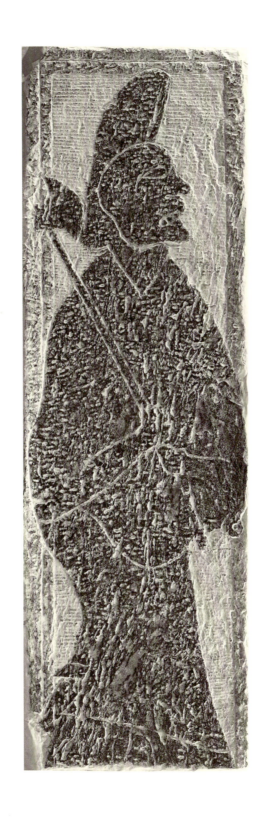

执钺武士

49 cm×151 cm 征集于南阳市英庄

画刻一人，大眼高鼻龇牙，身着宽袍，双手执钺。

执钺力士

31 cm × 150 cm　征集于南阳市

画刻一人，发束二髻，二目圆睁，着短襦，赤双足，右手持钺。人物上方刻云气纹。

执钺武士

29 cm × 121 cm　征集于南阳市

画刻一人，头戴尖顶帽，身着短襦，赤足，肩扛钺站立。

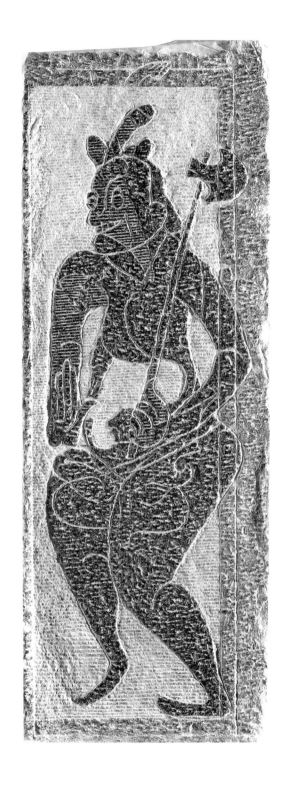

执钺武士

54 cm ×143 cm　征集于南阳市

画刻一武士，上体裸露，下着短裤，一手执钺，一手亮掌。

持刀执斧武士

48 cm ×128 cm　征集于南阳市

画刻一武士，裸上身，下着短裤，赤足，右手执斧上举，左手握刀于腰间。

执钺武士

52 cm ×125 cm　征集于南阳市（已调河南博物院）

画中刻一武士，瞪目龇牙，一手前举，一手执短柄钺于头顶。

执钺武士

32 cm×120 cm　征集于南阳市

画刻一人，穿靴，戴帽，右手举钺。

执钺武士

54 cm ×160 cm　征集于南阳市

画刻一人，发髻高竖，身着长袍，双手执钺。

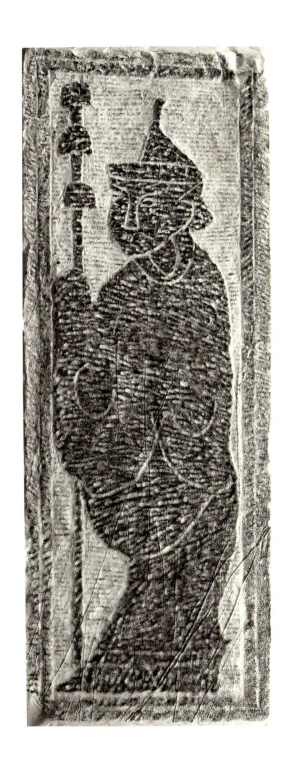

持节人物

48 cm ×128 cm　征集于南阳市妇幼保健院

画刻一人，戴冠，着圆领袍，双手持节而立。

持节人物

29 cm × 139 cm　征集于南阳市

画刻一人，戴冠，着长袍，双手持一双重旄节。

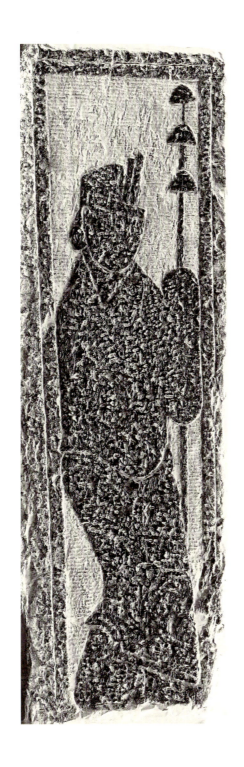

持节人物

50 cm × 154 cm 征集于南阳市东关

画刻一人，头戴冠，身着宽袖长袍，双手持三重旄节而立。

蹶张

画刻一人，似儿童，束发，口衔一矢，双脚踏弓，双手拉弦。

蹶张

36 cm ×97 cm　征集于南阳市

画刻一人，似儿童，束发，口衔一矢，双脚踏弓，双手拉弦。

蹶张

43 cm × 148 cm　征集于南阳市七孔桥

画面上刻一单檐三层阙；中间刻一蹶张，头梳发髻，正奋力拉弓；下刻一虎，张口翘尾，呈卧姿。画面上部有水蚀风化纹。

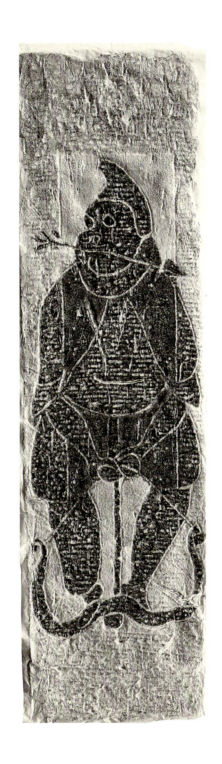

蹶张

33 ㎝ ×119 ㎝　征集于南阳市

画刻一武士，头戴尖帽，双目圆睁，口衔一矢，正在用力拉弓。画面和底纹混淆不分。

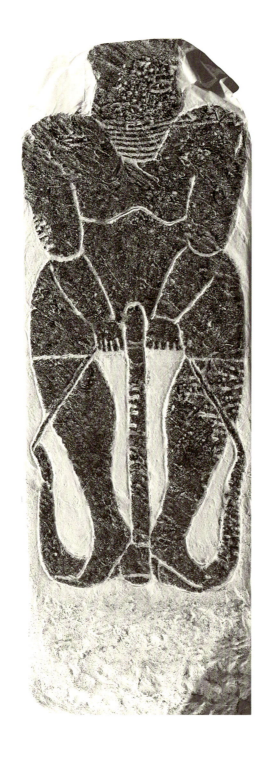

蹶张

48 cm × 140 cm　征集于南阳市

画面刻一大力士，四肢裸露，肌肉发达，双脚踩弓，两手奋力拉弦。

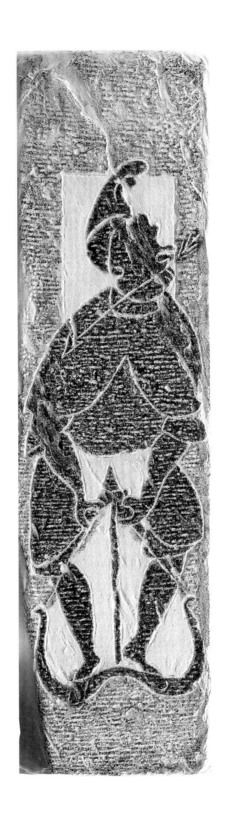

蹶张

33 cm ×117 cm   征集于南阳市

画刻一武士，头戴帽，口衔一矢，双手奋力拉弦。画面为阴线刻，画像石剥落严重。

蹶张

32 cm × 104 cm　征集于南阳市

画刻一武士，头梳高髻，身着短装，双脚踩弓，双手拉弦。

画刻一武士，头戴介帻，身着短装，口衔一矢，两脚踏弓，正奋力拉开。画像右下角、左边
框残。

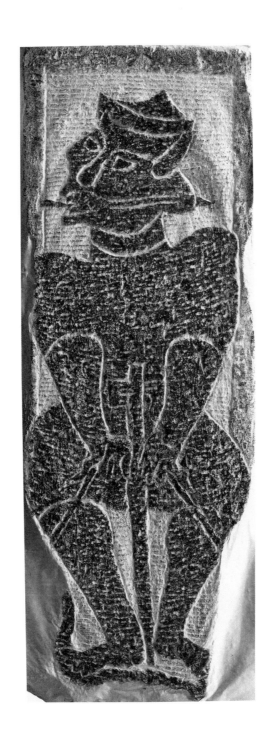

蹶张

32 cm ×90 cm　征集于南阳市

画刻一武士，头戴介帻，身着短装，口衔一矢，两脚踏弓，正奋力拉开。画像右下角、左边
框残。

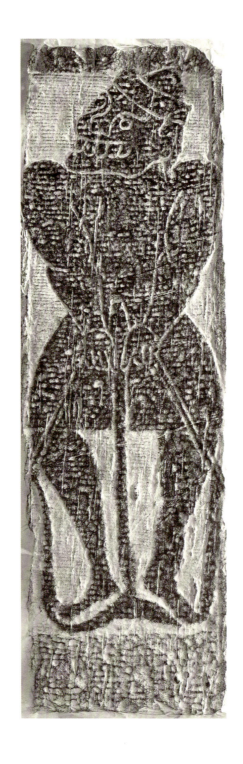

蹶张

33 cm × 104 cm　征集于南阳市

画刻一人，头戴帻，两眼暴突，牙齿龇裂，身躯肌肉发达，脚踏弓，手上引弦。

蹶张

33 cm × 96 cm　征集于南阳市

画刻一人，头束三髻，大眼睛，隆鼻梁，口衔一箭矢，两脚踏弓，双手上引弓弦。

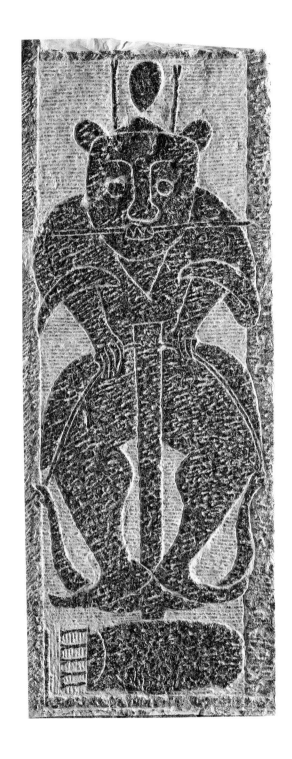

蹶张

58 cm ×147 cm　征集于南阳市宛城区英庄

画刻一大力士，二目圆睁，双足踏弓，双手控弦，背插二矢。弓下边又刻一矢囊，内装五矢。

画刻一力士，口衔一矢，双足踏弓，双手用力引弦。

蹶张

49 cm ×117 cm　征集于南阳市石桥

画刻一力士，口衔一矢，双足踏弓，双手用力引弦。

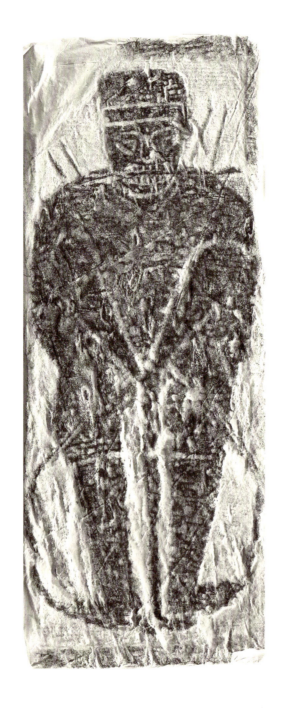

蹶张

34 cm ×86 cm 征集于南阳市

画刻一蹶张，正奋力拉弦，两肩后似各背两矢，画面漫漶不清。

蹶张

48 cm ×117 cm　征集于南阳市

画刻一武士，鼻直口阔，大眼，正奋力拉弦。

蹶张

40 cm × 79 cm　征集于南阳市

画刻一人，发束三髻，面似牛，耸肩踏弓拉弦。

画刻一人，昂首龇牙，双手拉弦，人物下方刻一箭囊。

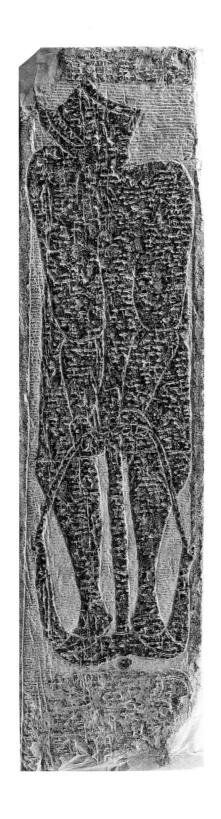

蹶张

30 cm ×114 cm　征集于南阳市

画刻一人，昂首龇牙，双手拉弦，人物下方刻一箭囊。

蹶张

46 cm ×114 cm　征集于南阳市

画刻一人，口衔一矢，双手拉弓。

画刻一武士，口衔一矢，脚踏弓，正奋力拉弦。

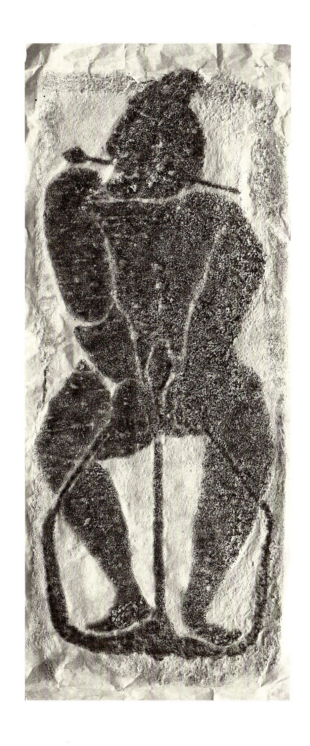

蹶张

47 cm ×110 cm　征集于南阳市

画刻一武士，口衔一矢，脚踏弓，正奋力拉弦。

端灯（熏炉）人物

画刻一女，头梳高髻，细腰长裙，持灯侍立。

端灯侍女

36 cm×124 cm　征集于南阳市

画刻一女，头梳高髻，细腰长裙，持灯侍立。

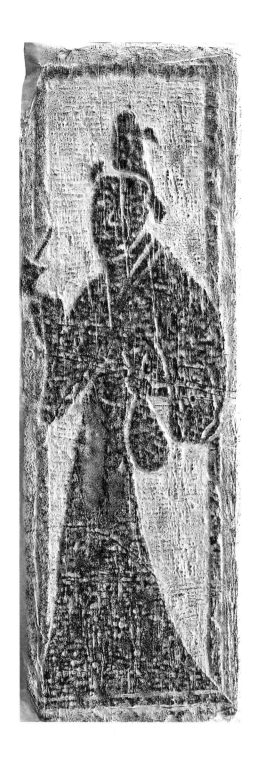

端灯侍女

31 cm ×97 cm　征集于南阳市

画刻一女子，长裙细腰，头梳高髻，右手端灯站立，腰间系一袋状物。

画刻一女子，长裙细腰，双手端灯站立。人物头部漫漶不清。

端灯侍女

27 cm × 79 cm 征集于南阳市

画刻一女子，长裙细腰，双手端灯站立。人物头部漫漶不清。

画刻一女子，高髻，着细腰长裙，端灯侍立。

端灯侍女

23 ㎝ ×97 ㎝　　征集于南阳市

画刻一女子，高髻，着细腰长裙，端灯侍立。

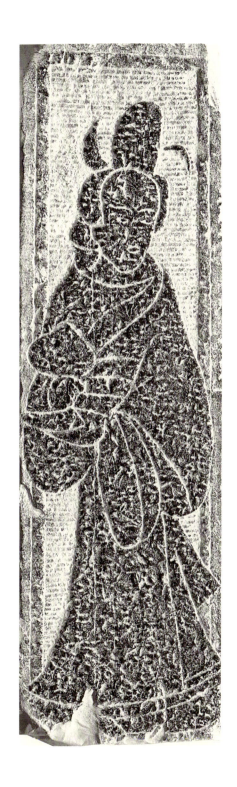

端灯侍女

31 cm ×104 cm　征集于南阳市白河南岸冉营

画刻一女子，头梳高髻，髻上有簪，长裙拖地，双手捧灯而立。

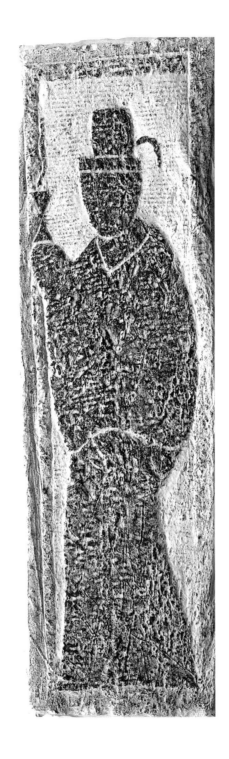

端灯人物

30 cm ×100 cm　征集于南阳市

画刻一人，戴冠，着袍，冠上有饰，双手端灯，灯上火苗上蹿。

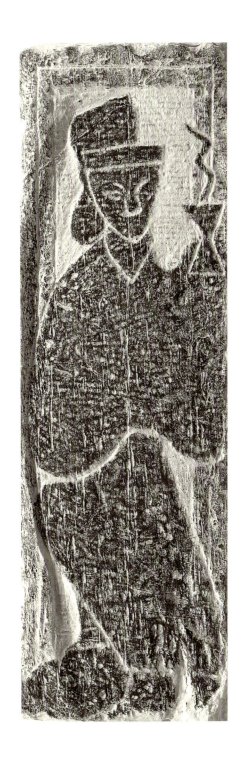

端灯人物

32 cm × 100 cm　征集于南阳市郊区

画刻一人，头戴冠，脑后有垂发，端灯站立。画面下部漫漶不清。

端灯侍女

28 cm ×116 cm　征集于南阳市

画刻一女子，长裙细腰，右手端灯，左手捧奁盒。画像石左、右下角残缺。

端灯侍女

28 cm × 116 cm　征集于南阳市

画刻一人，头梳髻，身着细腰长裙，端灯而立。边框残缺。

端灯侍女

24 cm × 113 cm　征集于南阳市

画刻一人，头梳髻，束细腰，着直裾裙，双手端灯而立。

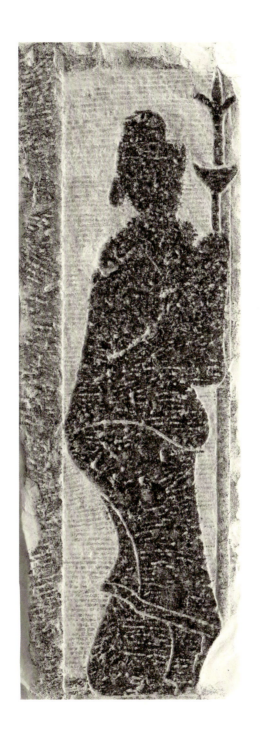

端灯人物

34 cm ×97 cm　征集于南阳市

画刻一人，身着曲裾长袍，双手持灯，灯有柄。

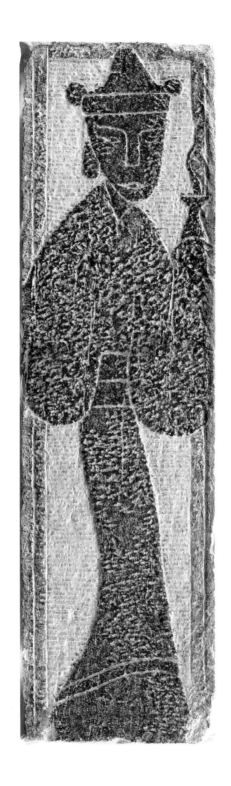

持灯人物

30 cm × 107 cm　　征集于南阳市

画刻一人，着宽袖束腰长裙，持灯而立。

端灯人物

34 ㎝ ×121 ㎝　征集于南阳市

画刻一人，髻上插簪，身着宽袖长袍，双手持灯正面立。

端灯人物

24 cm ×98 cm　　征集于南阳市

画刻一人，头梳华髻，着重领宽袖长裙，双手端灯侧立。

画刻一人，头梳高髻，身着宽袖长裾，双手执灯侧向立。

端灯人物

25 cm×104 cm　　征集于南阳市

画刻一人，头梳高髻，身着宽袖长裾，双手执灯侧向立。

端灯托盒侍女

41 cm ×123 cm　征集于南阳市

画刻一人，簪插高发髻，身着长裙，腰身细，右手持灯，左手托一盒，侧身而立。

画刻一人，发髻高耸，衣袖宽大，下裾衣紧裹身躯，双手持灯而立。人物上方刻云气纹。

端灯侍女

30 cm×146 cm　征集于南阳市

画刻一人，发髻高耸，衣袖宽大，下裾衣紧裹身躯，双手持灯而立。人物上方刻云气纹。

端灯侍女

24 cm × 70 cm　征集于南阳市

画刻一女子，头梳高髻，长裙细腰，端灯而立。画面漫漶。右边框中部有一凹槽。

端灯人物

33 cm ×119 cm   征集于南阳市

画刻一人，头戴巾，身着长衣，下露裤，双手端灯作行进状。下部边框缺块。

端灯侍女

64 cm ×68 cm　征集于南阳市岗寨

画刻二侍女，一前一后，前者端灯而立，后者肩背一袋状物相随。

端灯侍女

30 ㎝ ×98 ㎝　征集于南阳市

上刻一熊，下为一女子端灯侍立。

端灯侍女

37 cm × 150 cm　征集于南阳市七里园

画刻一女子端灯侍立，左边框缺块。

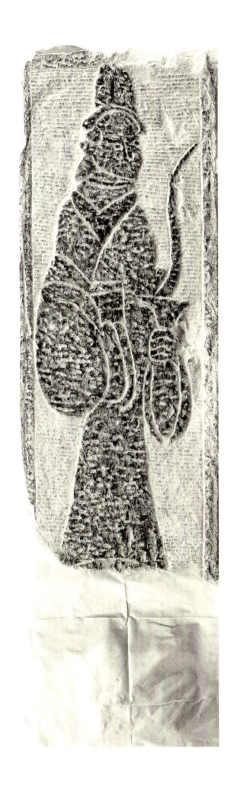

端灯侍女

31 cm ×110 cm　征集于南阳市

画刻一女子，头梳高髻，手端一灯，灯上火苗上扬。

端灯人物

27 cm ×88 cm　征集于南阳市

画刻一人，双手端灯侧立。

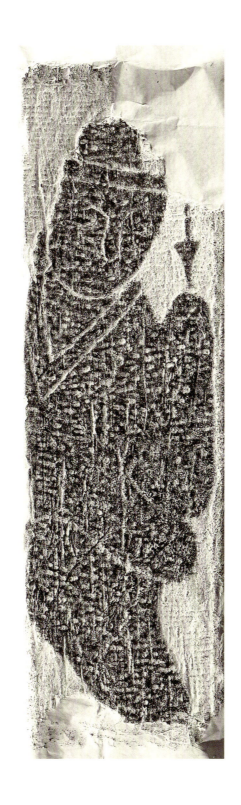

端灯人物

27 ㎝ ×89 ㎝　征集于南阳市

画刻一人，双手端灯侧立，灯上部残缺。

端灯人物

32 cm×102 cm　征集于南阳市

画刻一人，高发髻，衣交领，束细腰，双手端灯侧立。

端熏炉侍女

33 cm × 126 cm   征集于南阳市

画刻一女子，头梳高髻，髻上有饰，长袍阔袖，双手端熏炉。

执熏炉人物

25 cm × 104 cm　征集于南阳市

画刻一人，头梳髻，身着长裙，双手执熏炉。画像石左、右下角均缺块。

上刻一熊，张牙舞爪；下为一女子执熏炉侍立。

执熏炉侍女

31 cm ×160 cm　　征集于南阳市英庄镇

上刻一熊，张牙舞爪；下为一女子执熏炉侍立。

执熏炉侍女

29 cm × 92 cm　征集于南阳市

画刻一女子，头部残，长裙细腰，左手端一熏炉，右手拿一物不可辨。

〔捧奁 （盒） 侍女〕

捧奁侍女

31 cm ×119 cm　　征集于南阳市

画刻一女子，头梳高髻，身穿细腰长裙，右手捧奁，左手提一壶。画面漫漶。

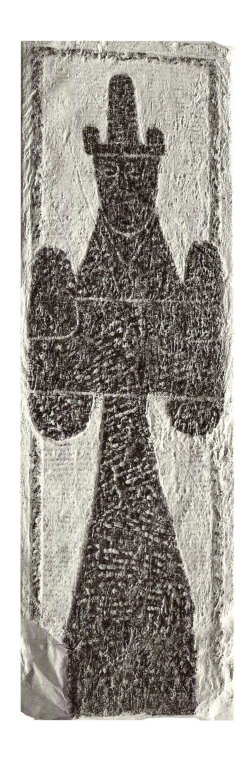

捧奁侍女

32 cm × 97 cm　征集于南阳市

画刻一女子，长裙细腰，头梳高髻，双手捧奁站立。画面左下角缺块。

画刻一人，头梳高髻，长裙细腰，捧奁站立。画面左下角有一斜线断痕。

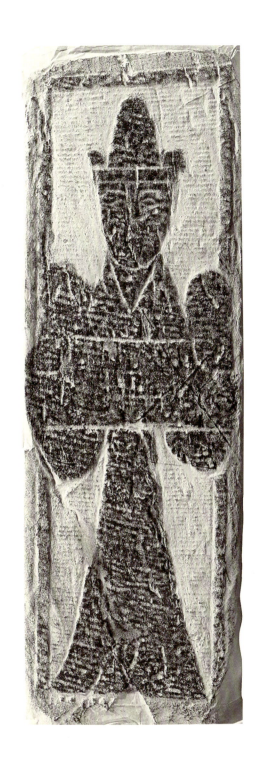

捧奁侍女

31 cm ×95 cm　征集于南阳市

捧奁侍女

30 cm ×79 cm　　征集于南阳市

画刻一人，头梳高髻，长裙束腰，双手捧奁，正面而立。

捧奁侍女

32 cm × 162 cm　征集于南阳市东关三官庙后

画刻一人，细腰高髻，着宽袖袍，双手捧奁。人物上方刻一顿足挥臂熊。

捧奁侍女

34 cm ×115 cm　征集于南阳市

画刻一人，梳高髻，着长袍，细腰，双手捧奁站立。

画刻一女子，高发髻，束细腰，双手捧奁而立。

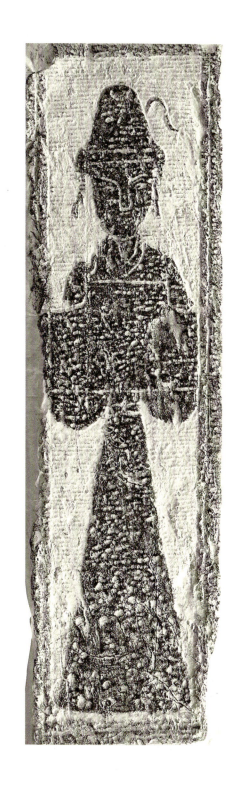

捧奁侍女

32 cm×111 cm 征集于南阳市

画刻一女子，高发髻，束细腰，双手捧奁而立。

捧奁侍女

24 cm ×113 cm　征集于南阳市

画刻一人，高发髻，束细腰，双手捧奁正面立。

画刻一人，着宽袖长袍，束腰，双手捧奁正面立。

捧奁侍女

24 cm ×87 cm　征集于南阳市方城县博望镇

画刻一人，着宽袖长袍，束腰，双手捧奁正面立。

捧奁侍女

24 cm×98 cm　征集于南阳市

画刻一人，头梳华髻，着宽袖长裙，双手捧奁正面立。

画刻一人，髻插簪，脸庞消瘦，着长袍，束细腰，双手捧奁盒正面立。

捧奁侍女

33 cm ×120 cm　征集于南阳市

画刻一人，髻插簪，脸庞消瘦，着长袍，束细腰，双手捧奁盒正面立。

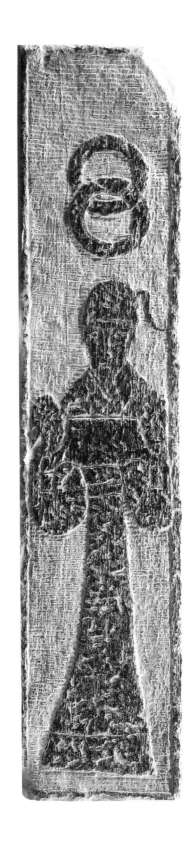

捧奁侍女

30 cm × 137 cm　征集于南阳市

画刻一人，高髻插簪，身着长袍，双手捧一奁盒于胸前正面立。人物上方刻两环套连。

画刻一女子，头梳发髻，髻两侧各插一发饰，长裙细腰，双手捧奁而立。

捧奁侍女

33 cm ×114 cm　征集于南阳市

画刻一女子，头梳发髻，髻两侧各插一发饰，长裙细腰，双手捧奁而立。

捧奁侍女

18 cm ×127 cm　征集于南阳市

画面上刻一建筑，屋顶落一鸟；下刻一女子，头梳高髻，髻上有装饰，身着细腰长裙，捧奁
侧立。画像石断为两段。

捧奁侍女

20 cm ×92 cm　征集于南阳市

画刻一女子，头梳高髻，长裙细腰，捧奁而立。画像石有缺角掉块现象。

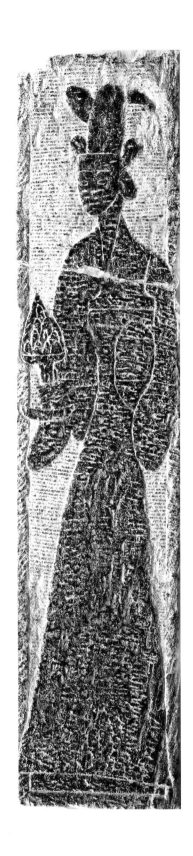

捧奁侍女

36 cm × 160 cm　征集于南阳市

画刻一女子，头梳高髻，身着长袍，身材修长，右手端一熏炉，左手端一奁盒。画像石断开
为两段。

画刻一人，头梳高髻，长裙细腰，捧奁盒而立。画像石右边框下段缺块。

捧奁侍女

32 cm×88 cm　征集于南阳市

画刻一人，头梳高髻，长裙细腰，捧奁盒而立。画像石右边框下段缺块。

捧奁侍女

33 cm × 90 cm　　征集于南阳市

画刻一女子，头梳高髻，捧奁而立。

捧衮侍女

32 cm×123 cm　征集于南阳市

画刻一人，着长襦，双手捧衮盒于胸前。

捧奁侍女

31 cm × 59 cm　征集于南阳市

画刻一女子，束细腰，双手捧奁。

捧奁侍女

34 ㎝ ×98 ㎝　征集于南阳市

画刻一女子，头梳花髻，身着细腰长裙，下露两脚，双手捧奁。

画刻一人，高发髻，着长裙，双手捧奁而立。上饰垂幔纹。

捧奁侍女

48 cm ×152 cm　征集于南阳市

画刻一人，高发髻，着长裙，双手捧奁而立。上饰垂幔纹。

画刻一女子，头梳高髻，身着长袍，手托一圆顶盒。

捧盒侍女

24 cm ×67 cm　征集于南阳市

画刻一女子，头梳高髻，身着长袍，手托一圆顶盒。

捧盒侍女

23 cm ×98 cm　征集于南阳市

画刻一人，髻上插簪，着长衣，细腰身，双手端一圆盒。

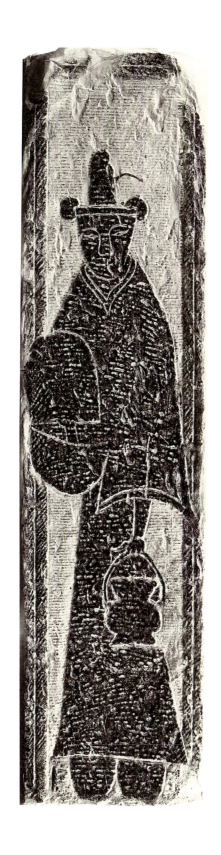

端盒提卣侍女

36 cm ×150 cm　　征集于南阳市

画刻一人，发髻高耸插簪，着宽袖长袍，右手端盒，左手提卣，正面而立。

画刻一人，着长裙，双手抱一盒侧立。

抱盒侍女

30 cm × 110 cm　征集于南阳市

画刻一人，着长裙，双手抱一盒侧立。

捧盒侍女

30 cm × 160 cm　征集于南阳市

画上刻一建筑，房顶上落一鸟（鸟只有两腿）；下刻一人，身着长裙，双手捧一盒。画像石
左下角缺角，上端边框中部缺块。

捧盒侍女

33 cm ×138 cm　征集于南阳市

画刻一女子，头梳高髻，髻边有一装饰，脑后有垂发，长裙曳地，左手提壶，右手捧盒而
立。右边框下部残。

画刻一女子，头梳高髻，手捧一圆形盒。

捧盒侍女

30 cm ×71 cm　征集于南阳市

画刻一女子，头梳高髻，手捧一圆形盒。

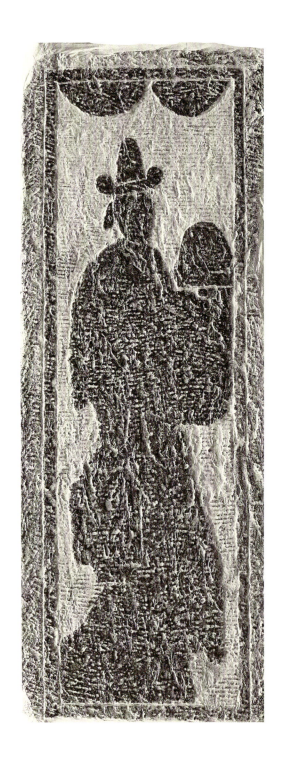

托盒侍女

56 cm×156 cm　征集于南阳市

画刻一女，头梳高髻，身穿长袍，双手托一盒，侧面而立。人物轮廓外剔横向平行线纹，上饰垂幔纹。

【车马出行】

车骑出行

125 cm × 32 cm　征集于南阳市

画面下部右边刻一马车，车上一驭者一乘者。马车前后各有一执戟侍卫。画左两人迎候，一
人执戟，一人似执笏。画面上部刻三只动物，但已漫漶不清。

车骑出行

167 cm×45 cm　征集于南阳市

画面左刻三人，右侧一人身着长袍，躬身站立，手中似拿一笏；左侧一人双手执戟，躬身应
答；两人中间有一矮小之人，手中拿一细棍。画面右端，中间刻一马车，车上有华盖，上坐
一人，马车前后各刻一人骑马。画面下饰山峦。

画中刻三骖轺车，车上一驭者一尊者；轺车前三组导骑共七乘，后有两组四随从骑乘。右上
角断裂。

车骑出行

155 cm ×28 cm　征集于南阳市

车骑出行

261 cm × 40 cm 征集于南阳市

画中一前一后刻两辆骖驾轺车,车上均一驭者一尊者,后一轺车规格较前更高,车舆盖四角与车轼有四维绳索相连。两轺车前后共有六组十一人骑马作导骑随从。画右两组三骑乘中,二人乘马前奔中引弓向狂扑欲撕咬的猛虎射箭,虎后又刻一人,骑马直追,持长矛向虎头颈部刺去,射箭的骑手下刻起伏山峦。画上边框刻三角形图案,下边框刻斜平行纹;画刻底剔成竖平行线纹。

车马临阙

242 cm × 42 cm   征集于南阳市

画右为车马行进，刻二轺车，其中一轺车盖四维有绳索索于车体；二车前后有二导骑、一驺从，驺从举刀持长棍。画左刻两阙相对，阙前刻躬身迎车马的二人，一人执笏，一人拥彗；阙后刻一蹲犬，昂首翘尾。阙前及迎宾人物前有云气纹，二导骑下边刻有山峦。画刻下边框刻斜平行线纹。

车骑出行

162 cm × 42 cm　征集于南阳市

画中刻一马驾的轺车，轺车前有两两一组四骑乘马人员，轺车后有五人，分三组骑马跟随。
画刻上边框刻三角形图案，下边框刻斜平行线纹。

画刻六骑手，一虎。六骑手前后相随而行。最前者回首顾望，其前刻一虎，虎纵身跃起，张口向骑手扑去。下方刻山峦。上方边格下刻垂幔纹。

车骑出行

186 cm × 40 cm　征集于南阳市

画刻六骑手，一虎。六骑手前后相随而行。最前者回首顾望，其前刻一虎，虎纵身跃起，张口向骑手扑去。下方刻山峦。上方边格下刻垂幔纹。

车骑出行

327 cm ×40 cm　征集于南阳市唐河县

画右刻三骑，皆斜扛铭旌飞奔。其后刻三辆轺车，车上均饰华盖，每车一驭者一尊者，驭者
一手挽缰，一手扬鞭催马；尊者正襟危坐。其后刻一骖骑，随车疾驰。

车骑出行

270 ㎝ × 43 ㎝　征集于南阳市七孔桥

这是一幅极为壮观的车骑出行画像。二尊者乘坐于两辆马车之中，车前有七人骑马先导，车后又有八人骑马随从。一只猛虎突然从队伍后面扑来，最后一骑手转身挽弓射虎。画像再现了汉代贵族出则连车列骑的气派场景。

舞乐·车骑

273 cm×40 cm　　征集于南阳市七孔桥

画左为舞乐百戏场面：画中人物或击鼓，或摇鼗吹排箫，或击铙，或甩袖而舞，或弄壶，或倒立等。画右为车骑出行场面：三马驾一骖车，车上乘二人，车前有三导骑，车后又有三骑从，二骑从回首弯弓欲射尾追而来的骑手。

车骑出行

121 cm×41 cm　征集于南阳市

画右刻两马拉一车，上坐一尊者一驭者；中部刻两人骑马并行；左刻一导骑，其前一虎扑
来，马上之人正拉弓射虎。上刻三角纹饰。

画刻七人。左一人，正襟踞坐而受众人拜谒，似在传授技艺；中二人，或拱手，或执笏；右四人一排踞坐于地，身边各置放一瑟。

拜师

138 ㎝ ×40 ㎝　征集于南阳市

画刻七人。左一人，正襟踞坐而受众人拜谒，似在传授技艺；中二人，或拱手，或执笏；右四人一排踞坐于地，身边各置放一瑟。

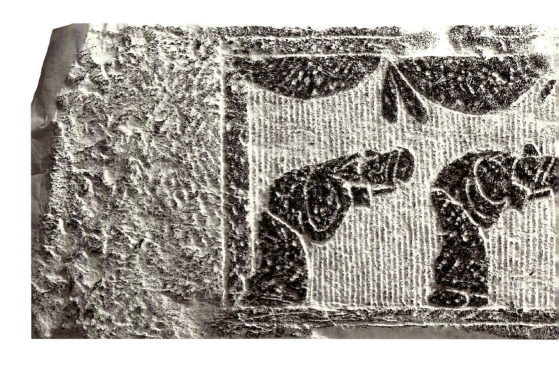

拜谒

141 cm × 39 cm   征集于南阳市东关

画左刻两组人物，左边两人执笏躬身拜谒，其前两人戴冠着袍，执戟而立。画右端刻一樽，樽上有勺；其左刻一人，端坐于几案后。画面上部有帷幔。画像石从偏右位置断为两段。

拜见

243 cm × 42 cm　征集于南阳市七孔桥

画刻九人。右边二人，着宽袖束腰袍衣，袍下呈喇叭状，二人相对而语；右中三人，均作站
立状，其中一人双手持一棒于左肩，二人持棨戟；左中刻二人，均执笏躬身作拜见状；左边
刻二人，相对踞坐，拱手对语。上部刻垂幔纹。

拜见·斗牛

160 cm × 37 cm　征集于南阳市

画刻三人一兽。画左一人斗牛，人物弓步推右掌，人物前一牛，奋蹄俯首向人作抵角状；画
右二人，一尊长者，一执笏拜谒者。上边框内刻三角形图案。

拜谒

164 cm × 38 cm　　征集于南阳市

画面刻三人，右侧一人跽坐于地，一手后伸，一手前平举，手中似拿一物。左侧两人，前一人端坐，应为主人，其前放一扁圆形物；其后一人跽坐，身体前倾。画面左边又刻一物象，似一人物（不完整）。

上刻一提梁壶，樽右又放一提梁壶；右刻两人端坐。画像上刻帷幔。

宴饮

167 cm × 30 cm   征集于南阳市

画面左刻五人，戴冠，着长袍，席地而坐，左侧一人似为主人；中间下刻一樽，樽上放勺，
上刻一提梁壶，樽右又放一提梁壶；右刻两人端坐。画像上刻帷幔。

庖厨·宴饮

166 cm × 36 cm　征集于南阳市

画中共刻七人。画左刻三人，一人踞坐，双手伸向面前长案上方；一人正面凭几而坐，合双手伸向面前几案；一人站立，正在灶前劳作，灶上置一大釜。画右四人，其中三人踞坐对语，手中似持有物，一人面对三踞坐者伏地叩拜。叩拜者上方刻两提梁壶。画中刻七层叠案。上方刻帷幔纹。

鼓乐宴飨

50 cm × 106 cm　征集于南阳市

画上部刻画一人在观赏鼓乐；下部刻画一巨型食案，案上摆放着丰盛饮食：烤好的肉串，烹煮好的鸡、鸭、鱼，各种精致的点心及斟满美酒的耳杯等。

投壶

133 cm × 41 cm　　征集于南阳市七里园乡沙岗店

画中刻一壶，壶旁置一酒樽，宾主二人各抱数矢轮番投壶；画左有一彪形大汉被一侍者搀扶，观其形象便知他是一位败下阵来的醉汉。画右一人当为司仪（裁判），正在履行其监督职责。

田猎

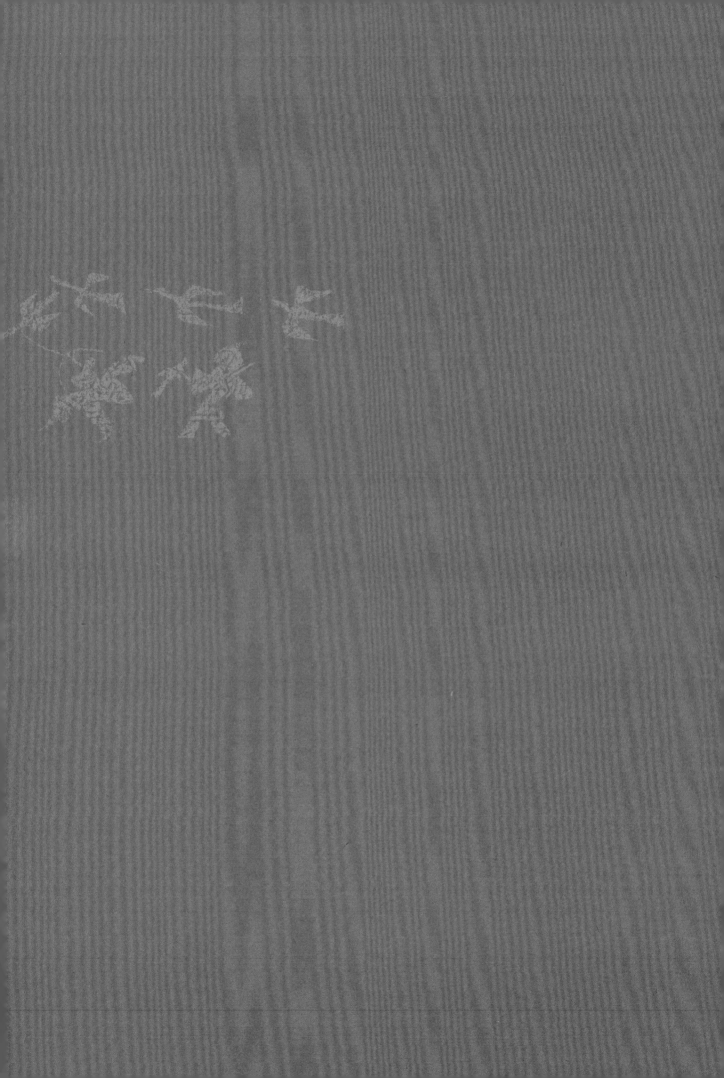

下方刻连绵山峦。画左刻一动物，似虎；中为二骑猎者；右刻奔犬正狂奔追逐惊慌逃遁的
小鹿。

狩猎

169 cm × 32 cm　征集于南阳市

田猎

246 cm × 46 cm　　征集于南阳市

画中刻一驾轺车，车上一驭者一尊者；车后有三骑从，其中二人肩上扛棒；车马前二骑猎者。画左刻一犬追逐逃遁的小兔。下方刻连绵山峦。上方边框格内刻三角形图案，下方边框格内刻斜平行线纹。

弋射

114 cm×38 cm　征集于南阳市靳岗

画中有二猎人，一人正弯弓射雁，另一人手持猎获之雁大步行走。上部有一行大雁凌空飞
翔，其中一只已被猎者射中正往下坠。中箭之雁的颈部有一丝绳与射者之弓相连，由此可知
其射法为"弋射"（以丝绳系箭上，飞鸟中箭后不能逃脱）。

山间田猎

197 cm × 33 cm　征集于南阳市十里铺（已调河南博物院）

画左山峦起伏，树木点缀，山中有鸟兽出没；画右有猎人纵犬追逐鹿、野猪等兽。

狩猎

148 ㎝ × 45 ㎝　征集于南阳市英庄镇

画左二猎人持猎具走来；画中有三猎犬狂奔尾追二兽，二兽欲向山中逃窜；画右是山峰。

画上刻楼阁，下刻菱形图案。

建筑

24 cm × 168 cm 征集于南阳市赵寨砖瓦厂

画上刻楼阁，下刻菱形图案。

建筑

34 cm × 168 cm　　征集于南阳市赵寨

画上刻三重阙，下刻菱形。

画上刻三层单阙，第一层阙漫漶；下刻菱形，菱形漫漶不清。

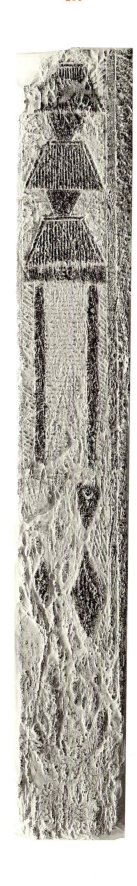

建筑

32 cm ×168 cm　征集于南阳市

画上刻三层单阙，第一层阙漫漶；下刻菱形，菱形漫漶不清。

建筑

32 cm ×169 cm　征集于南阳市

画上刻三层单阙，下刻菱形。画面右上角、右下角残缺。

画上部刻一朱雀（漫漶不清），中部刻一阙，下部刻一人站立，人前疑似有一团云气。画像石有一凹槽，使人的头部及上身残缺。

建筑

33 cm×153 cm　征集于南阳市

画上部刻一朱雀（漫漶不清），中部刻一阙，下部刻一人站立，人前疑似有一团云气。画像
石有一凹槽，使人的头部及上身残缺。

楼阁

45 cm ×177 cm　征集于南阳市赵寨砖瓦厂

画中刻一楼阁，楼两柱，柱础、斗拱硕大，楼两柱间刻一象征出入大门的铺首衔环，楼外两侧各植一柏树，楼顶左右又刻出两层楼观。楼阁上方刻一朱雀，展翅翘尾，两爪立于楼阁顶部；下方刻菱形套环图案。

画刻一阙，阙共有三层，阙两旁均植柏树一株。

阙

37 cm ×173 cm 征集于南阳市赵寨

画刻一阙，阙共有三层，阙两旁均植柏树一株。

画刻一阙，阙共有三层，阙两旁均植柏树一株。

阙

40 cm × 173 cm　征集于南阳市赵寨

画刻一阙，阙共有三层，阙两旁均植柏树一株。

双阙·厅堂·铺首衔环

57 cm ×112 cm　征集于南阳市唐河县石灰窑

该石与下页画像石是一对画像石墓墓门，二门所刻画像略同。上部为一组建筑物：一对双层
门阙和一座厅堂，厅堂内一对夫妻凭几而坐，旁有奴仆侍奉。下部刻铺首衔环。

双阙·厅堂·铺首衔环

57 cm ×112 cm　征集于南阳市唐河县石灰窑

画上部为一组建筑物：一对双层门阙和一座厅堂，厅堂内一对夫妻凭几而坐，旁有奴仆侍奉。下部刻铺首衔环。

楼阁

112 cm ×148 cm   征集于南阳市白滩

画刻一高大的门楼建筑物，共分上下两层。下层大门两旁立柱外侧分别雕饰青龙、白虎二神
兽。大门微开，守门人从中走出，门外一客人手执刺片跪地求见。上层为一望楼（顶残），
楼内坐一人，守门瞭望。

武库

128 cm ×72 cm　征集于南阳市白滩

画面刻一武库（上部已残），栏架上并排放置着戟、矛、盾、甲衣等兵器、甲胄。下部刻守
卫武库的猛犬三只，或卧或蹲，姿态各异。

楼阁

23 cm × 150 cm　征集于南阳市（已调河南博物院）

画上刻二层楼阁，下刻一门吏站立。

耕耘

199 cm × 78 cm　征集于南阳市邢营

画刻共分上、中、下三层。上层为舞乐百戏，中层为逐疫驱魔，下层为虎吃女魃与耕耘。

耕耘图在画刻右下角，只占画像的一小部分。具体内容如下：一位农夫头戴斗笠，赤裸上身，手持铁锄，弯腰弓背，正在没膝深的田间耕耘（除草松土）。农夫身后有一女子，应是农夫之妻，她肩扛一锄，锄前端挂一罐，后端挂一篮子，正为农夫担送饮食而来。

二桃杀三士

160 cm × 43 cm　征集于南阳市方城县光店

画刻一组人物，可辨认者四人，其余人物残损漫漶不清。画左两人戴冠，着袍，双手执戟站立；中间一人头梳发髻，弓步弯腰伸手从一高足盘中取物；画右一人站立。

二桃杀三士

178 cm × 42 cm　征集于南阳市

画刻一组人物共七人。左刻一人头梳发髻，赤膊趴在地上受刑，其后一人左手拿棍，右手执一棒状物，正在扬手打趴地之人；中间三人站立，其中一人执戟，一人持节，似在对话；右两人皆执剑，都在伸手向一高足盘中取物，应为"二桃杀三士"。

画中一勇士正将手伸向放有二桃的高足盘，另二勇士则横剑割颈自刎；画左三人，其中个子最矮者应为晏婴。

二桃杀三士

169 cm × 42 cm   征集于南阳市熊营

画中一勇士正将手伸向放有二桃的高足盘，另二勇士则横剑割颈自刎；画左三人，其中个子最矮者应为晏婴。

人物故事

56 cm × 182 cm　征集于南阳市杨官寺

画刻右部已残损。画像自上而下共分四部分：上层共三人，左一人以手抚童子之头，右一人佩剑捧鸟（已残损）；中层四人，左二人佩剑，相向争夺一物，右二人倾身向前（残）；中下层刻一人一狗，狗身体直立，向人猛扑，人弓身向前作搏斗状；下层四人，左二人手持一物，右一人作迎接状，其身后刻一婴儿。最上部画像可能是"孔子见老子"历史故事；第二部分画像故事不明；最下面两部分画像疑为"狗咬赵盾"和"赵氏孤儿"的历史故事。

西门豹除巫治邺

157 cm × 36 cm　　征集于南阳市英庄镇

画右双手握剑而立者为西门豹，画中两吏共抬一女巫欲将其投入河中。

二桃杀三士

101 cm ×40 cm   征集于南阳市 （已调河南博物院）

画中刻一高足盘，盘中置二桃。左右二勇士握剑伸手向盘中取桃，画右一勇士执剑怒目站立。

鸿门宴

158 cm×38 cm　征集于南阳市

画右握剑而坐者为项羽，与项羽相向对坐者为刘邦，画中舞剑者为项庄。

其他人物

人物

32 cm×140 cm　征集于南阳市

画上部刻一熊，前肢上扬，后腿蹲地，低头露脐；下刻一人，长衣阔袖，右手提一桨状物。

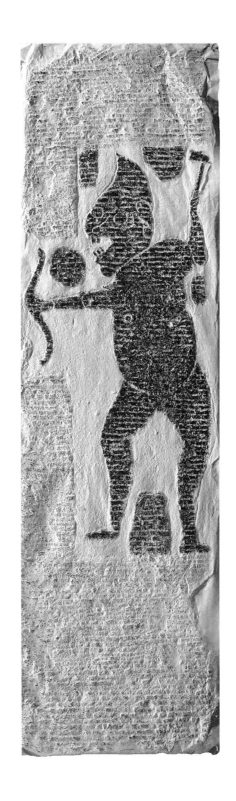

神人

38 ㎝ ×119 ㎝　征集于南阳市

画刻一神人，赤身，一手举斧，一手拿钩镶，头上尖顶，张口露齿。

人物

28 cm ×150 cm　征集于南阳市

画上部刻一熊（上爪残），扭身低头站立；下刻一人，头戴尖帽，提板站立。画像石左、右下角残。

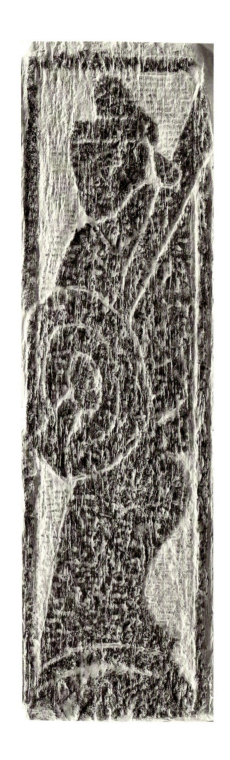

执刀人物

30 cm×95 cm　征集于南阳市

画刻一人，头戴帻，着长袍，双手握刀站立。

执刀武士

51 cm × 145 cm　征集于南阳市东关

画刻一武士，裸上身，下身着短裤，一手操刀。

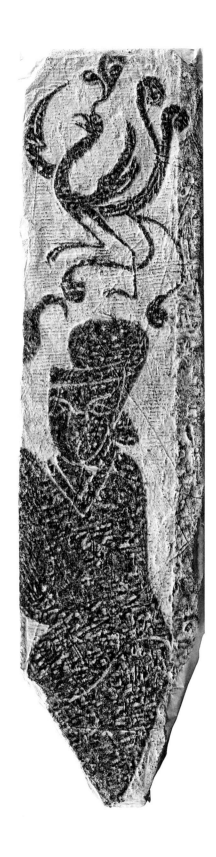

人物

31 cm×122 cm　征集于南阳市

画上刻凤鸟，昂头张口，展翅欲飞状；下刻一人，戴冠，着长袍，手拿之物残缺难辨。画像
石左、右下角缺失。

人物

34 cm ×132 cm　征集于南阳市

画上刻一神鸟，鼓腹，有翼，尖嘴，头生两耳，两脚站立；下刻一人，头顶一高脚杯状物，
张口瞪目，两手上举，裸身站立。画像右边框缺块。

人物

31 cm×108 cm　征集于南阳市

画刻一人，戴冠，着长袍，双手抱于胸前。

画刻一人，头着帻，高鼻梁，山羊须，穿短襦，双手执一物柄（物上部已风化），侧身而立。

人物

34 cm×150 cm　征集于南阳市

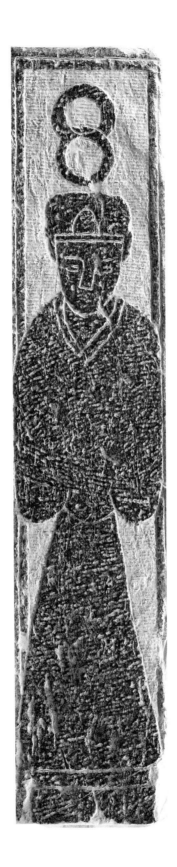

人物

32 cm ×146 cm　征集于南阳市

画刻一人，戴冠，着袍，正面立；人物上方刻两环相套。

人物

35 cm ×123 cm　征集于南阳市

画刻一人，戴冠，着长袍，拱手侧立。

人物

34 cm×150 cm　征集于南阳市

画刻一人，圆眼，隆额，发尖锐，高鼻梁，着短襦，双手拱于胸前侧立；人物上方刻上下两环套连。

人物

45 ㎝ ×160 ㎝　征集于南阳市

画刻一人，发束高耸，双臂拢于胸前，身着宽袖长袍。

人物

31 cm×88 cm　征集于南阳市

画刻一人，着交领长袍，双臂拢于胸前。

画刻一人，戴冠，着曳地长裙，双臂抬于胸腹前侧立。

人物

30 ㎝ ×88 ㎝　征集于南阳市

画刻一人，戴冠，着曳地长裙，双臂抬于胸腹前侧立。

执板人物

32 cm × 109 cm　征集于南阳市

画刻一人，头戴帻，身穿短襦，双手执握板柄，板倒置于地。

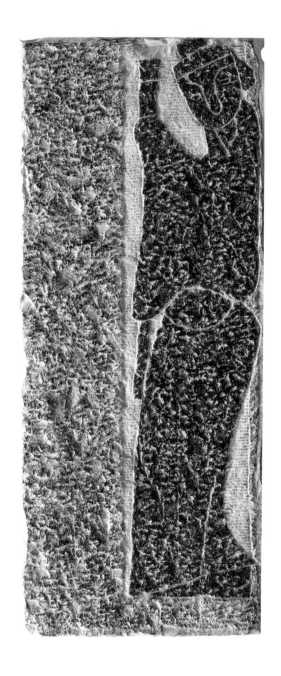

人物

45 cm × 107 cm　征集于南阳市

画刻一人，头戴帻，身穿长裾，双手执一物侧身而立。

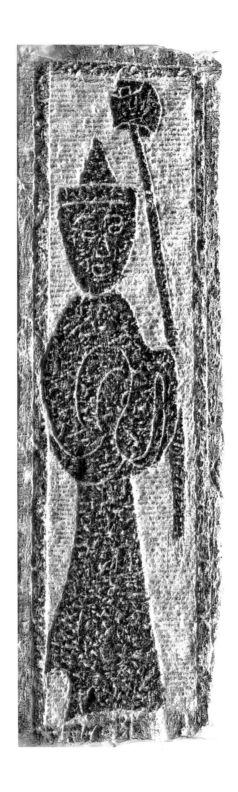

人物

30 cm×96 cm　征集于南阳市

画刻一人，头戴帻，衣袖宽大，微束腰，下裾拖地，双手执一物而立。

持剑人物

38 cm ×120 cm　征集于南阳市

画刻一人，发束三髻，圆眼，隆鼻，高额骨，身着长袍，双手抱长剑于胸前。

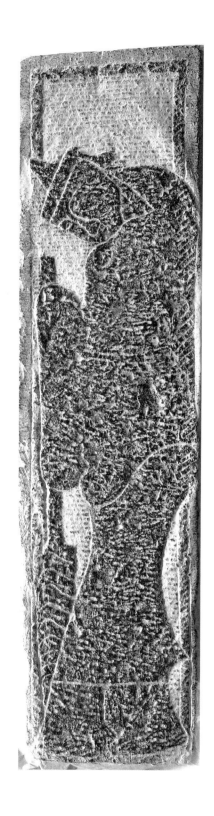

持板人物

32 cm×123 cm　征集于南阳市

画刻一人，头戴帻，身着长裙，俯首弓背，腿微曲，双手扶持一板侧立。

合体人物

47 cm ×114 cm　征集于南阳市

画刻二人，身着长袍，身躯合为一体相对而立。

人物

42 cm × 160 cm　征集于南阳市

画上刻一鸟，细颈，似朱雀，一脚站在人物头顶，一脚蜷曲；下刻一人，头束巾，身着短襦，下露两脚，右手提一三角状物。

画上刻一熊，作扭身奔走状；下刻一人，头束巾，身着长衣，内穿裤，下露两脚，手提一板，低头躬立。

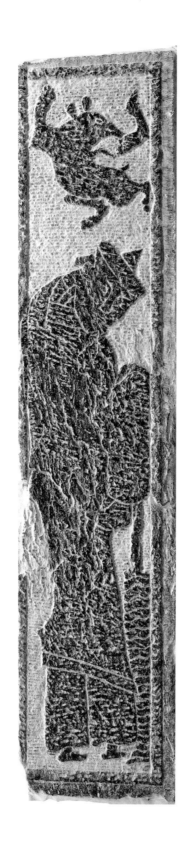

提板人物

35 ㎝ × 160 ㎝　征集于南阳市

画上刻一熊，作扭身奔走状；下刻一人，头束巾，身着长衣，内穿裤，下露两脚，手提一板，低头躬立。

人物

31 cm ×162 cm　征集于南阳市

画刻一人，人物只有轮廓线，身着长衣站立，左手举摇一鼗鼓。画像石上、下边框残。

人物

32 cm ×85 cm　征集于南阳市

画刻一人，头梳高髻，身着袍，手拿细杆，杆上部有两圆形物。画像石左上角缺块。

执板人物

33 cm ×123 cm　征集于南阳市

画刻一人，头戴尖顶帽，身着长襦，双手执板，正面而立。

人物

25 cm × 110 cm　征集于南阳市

画刻一人，长裙细腰，头梳高髻，手执之物不可辨。

神人

29 cm × 120 cm　征集于南阳市

画上刻一神人，两目圆睁，头梳发髻，上肢为手，下肢为爪，屈膝鼓腹，头上站立一鸟；下刻一兽，前爪上扬。

神人

33 cm ×68 cm   征集于南阳市

画刻一神人，人面，头上生双耳，两手上举，两脚弓步站立，身后长尾。

人物

37 cm ×88 cm　征集于南阳市

画刻一武士，头梳发髻，右手置于胸前，左手垂于膝上。画面漫漶。

人物

39 cm × 97 cm　征集于南阳市

画刻一武士，头梳髻，着紧身衣，左手拿一物（长柄圆头）。

人物

22 cm ×128 cm　征集于南阳市

画刻一女子，头梳高髻，长裙细腰，手执之物不可辨。

画刻一人，戴冠，着袍，手执之物不可辨。

人物

36 cm×126 cm　征集于南阳市

画刻一人，戴冠，着袍，手执之物不可辨。

力士

30 cm×98 cm　征集于南阳市

画刻一力士，二目圆睁，着短裤，手执一物。

画刻一人，发高耸，翘长须，双手执一物。

人物

32 ㎝ ×120 ㎝　征集于南阳市

画刻一人，发高耸，翘长须，双手执一物。

人物

24 cm×108 cm　征集于南阳市

画刻一人，头梳高髻，长裙细腰，人物左手持一物不可辨，右上方刻火苗状。

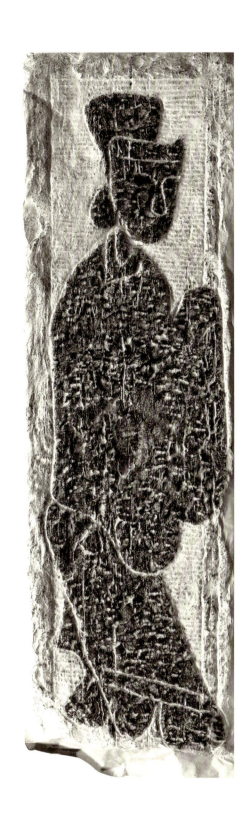

人物

33 cm ×106 cm　征集于南阳市

画刻一人，戴冠，着袍，拱手于胸前。

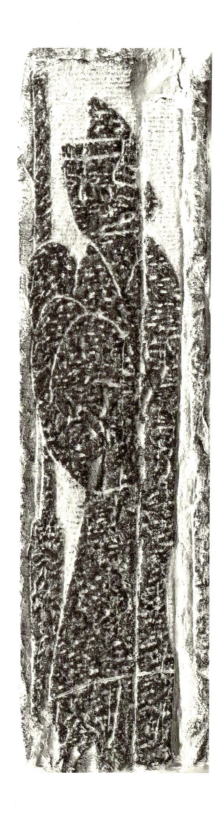

扶板人物

28 cm×102 cm　征集于南阳市

画刻一人，头戴帻，身穿袍，双手扶一长柄板。

画刻一人，头戴巾帻，身着短襦，双手持一物而立。

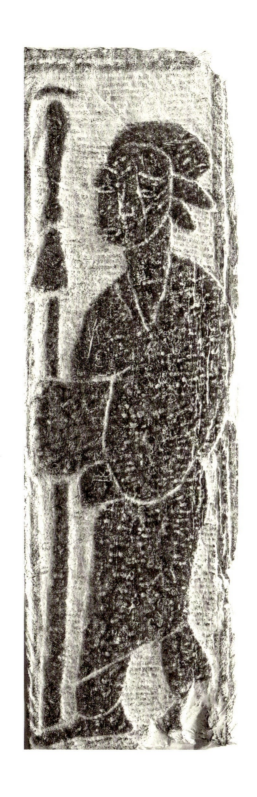

人物

31 cm×98 cm　征集于南阳市

画刻一人，头戴巾帻，身着短襦，双手持一物而立。

照镜人物

30 cm × 82 cm　征集于南阳市

画刻一人，高髻上插簪，踞坐于地，左手执一物，右手执镜自照脸庞。人物上方图像残，似人的下腹部分。

持板人物

26 cm ×132 cm　征集于南阳市

画刻一人，身着长裾，双手持一板柄，人物上方饰云气纹。

人物

32 cm×99 cm　征集于南阳市

画刻一人，头梳高髻，髻插发饰。

画刻一人，长裙细腰，手端一物，漫漶不可辨认。

人物

20 cm ×92 cm   征集于南阳市

画刻一人，长裙细腰，手端一物，漫漶不可辨认。

侍女

33 cm ×126 cm　征集于南阳市南关天后宫

画刻一女子，头梳高髻，髻上有饰，长裙细腰，裙边参差不齐，手中所捧之物不详。画面左下角缺块。

画刻一人，长裙束腰，头梳髻，髻边有饰，右手拿一物（长颈圆底）。

人物

34 ㎝ ×114 ㎝　征集于南阳市

画刻一人，长裙束腰，头梳髻，髻边有饰，右手拿一物（长颈圆底）。

侍女

32 cm × 96 cm　征集于南阳市

画刻一人，头梳高髻，身着长袍，拱手站立。画像左下角有一长方形缺块。

侍女

32 cm ×73 cm　征集于南阳市

画刻一女子，头梳高髻，身着长裙，画面漫漶严重，手中所拿之物不可辨。

画刻一人，髻上插簪，衣裾重复，右手抬起，左手拿一巾状物。

侍女

33 cm×137 cm　征集于南阳市七孔桥

画刻一人，髻上插簪，衣裾重复，右手抬起，左手拿一巾状物。

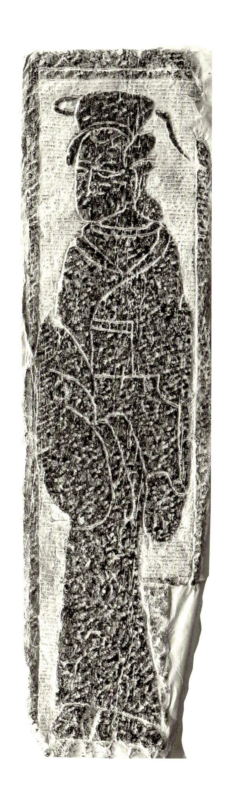

侍女

30 cm×110 cm　征集于南阳市

画刻一女子，头梳高髻，髻上有饰，脑后有垂发，身着长袍，双手似捧一盒。画面右下角有
一长方形缺块。

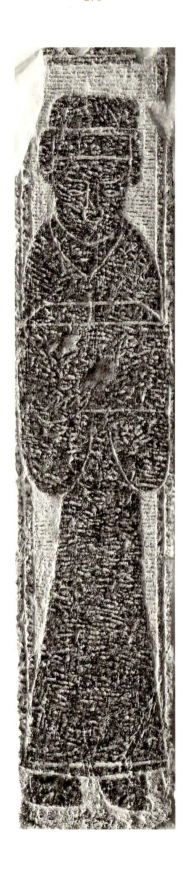

人物

32 cm×150 cm　征集于南阳市

画刻一人，戴冠，着长袍，捧盒而立。

画刻一人，戴冠，着袍。画面残缺。

人物

31 cm ×64 cm　征集于南阳市

画刻一人，戴冠，着袍。画面残缺。

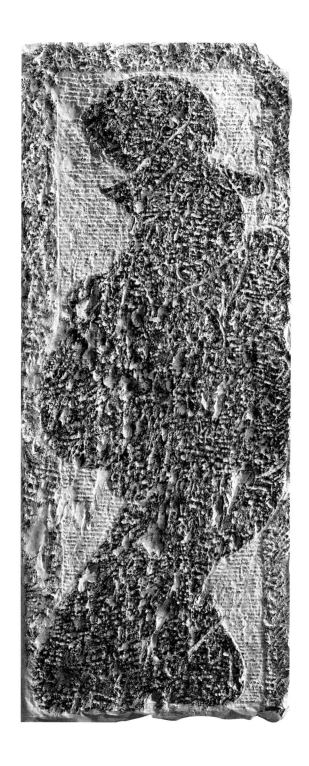

人物

59 cm × 138 cm　征集于南阳市

画刻一人，着宽袖长襦，五官难辨。

讲经

153 cm × 32 cm 征集于南阳市宛城东关

画右一位长者扶台而坐，其前立一侍者，左手持便面，右手握一棒；画左共有七位弟子列
跪，捧牍听师长教诲。

人物

178㎝×40㎝　征集于南阳市

画面共刻 14 人，端坐，人物手中所拿之物不可辨。右端一人腰部残。

人物

238 cm×40 cm　征集于南阳市

画刻四人，左起第一人戴冠，着长袍，抱一棒状物，似在倾听其前之人说话；画右第一人身
着长袍，右手举一椭圆形物；右第二人梳发髻，斜佩一剑。画面上端有菱形装饰纹。

人物

160 cm × 40 cm　征集于南阳市

画刻五人。左起第一人戴长冠，着袍，手拿矛，衣带飘飞；第二人戴长冠，着袍，衣带飞扬，手拿一细棍状物。中间一人戴冠，着袍，躬身侧立。右起第一人执金吾，第二人执戟。

人物

152 cm ×38 cm　征集于南阳市

画面左一人漫漶不清，第二、第三人着袍戴冠站立，似抱一人；第四人头梳发髻，着长裙，跽跪，怀抱金吾。右一人戴冠，着长袍站立；右第二人跽跪，扭头朝向第一人。

人物

147 cm×39 cm　征集于南阳市

画面左一人，赤膊趴在地上；左第二人佩剑站立，右肩扛一物；右第一人站立，第二人佩
剑，右手举一三角带柄之物。画面人物不清。

人物

136 cm × 40 cm　征集于南阳市

画刻四人，皆着袍站立，冠饰及手中所拿之物不可辨认。画间有云气缭绕。画像左下角缺
块，侧面有两门枢窝。

人物

110 cm × 40 cm　征集于南阳市

画刻四人，右二人持棨戟而立；左二人，一人着褂衣舒宽袖，一人踞坐。

人物

110 cm × 71 cm　征集于南阳市

画刻一人倚门而立，头束巾，只有人物的上半身，一扇门半掩半开，另一扇门关闭，上有门楣，左右各有门边框。

四美女

169 cm × 46 cm　征集于南阳市

画刻四女子，头梳华髻，长裙拖地，宽袖细腰，优雅站立。底刻平行竖纹。

人物

56 cm×166 cm　征集于南阳市

画刻上、中、下三组人物。上方两人相对互为拱手；中间两人，一人束发髻，一人戴冠，相
对拱手，似在对话；下方刻一人，戴冠，着长袍，持棨戟而立。

人物

56 cm × 166 cm　征集于南阳市

画刻上、中、下三组人物，人物均细腰，长裾曳地。上方刻二人，似在对拜中细语；中刻三人，趋行之中顾望相语；下刻二人，似在行走中停顿下来对话。

人物

56 cm ×165 cm   征集于南阳市

画刻上、中、下三组人物与龙。上、中部，分别刻两人，左右相向，相互揖拜；下部刻一
人，拱手侧立，人后刻一向上引首之龙。画像为平面刻，画像底为平行与斜行交错纹。

人物

60 cm ×160 cm　　征集于南阳市

画刻上、中、下三组人物与龙。上部刻两人，长裾曳地，相向而语；中部刻二人，衣裾曳地；下部刻一人，戴冠，着长袍，侧面而立，人物身后刻一身躯向上之龙。画像为凹面雕，画像底为平行交错的菱形斜纹。

六博

166 cm × 42 cm　征集于南阳市

画左置博盘，左右各一人，伸手对博；画右两人漫漶不清。上部刻帷幔，下刻菱形套环。

人物

191 cm ×41 cm　　征集于南阳市

画右刻一人，头束巾，腰系短裙，侧身站立，手上站一鸟；画左刻一马，马系一树上，树上
悬一食槽，马正低头食草。底刻平行竖纹，画左上残缺。

人物

187 cm × 39 cm　征集于南阳市

画刻五人。画左第一人站立，身着长袍，头束巾，持节而立，其前置一几，几上放一物；左第二人头梳髻，身着长袍，左手握剑，右手去取几上之物；中间一人短襦长裤，梳高髻，两腿叉开，左掌前推，右手高举；右侧第二人头梳高髻，身佩剑，大跨步向前，左手似欲拔剑；右侧一人右手握刀，左手握剑，头梳高髻，短衣长裤，似在与对面之人对峙。底刻平行竖纹。

人物

109 cm × 63 cm　征集于南阳市

画左刻一女子，头梳发髻，踞跪于地，其左手下方有一弓步推掌的小人；右刻一男子，戴
冠，着袍，左手拿一棍。